NSET

ROBERT
BETZ

Impulse für den Alltag!

Der kleine Führer zum großen Erfolg

Robert BETZ
VERLAG

Einführung

Das Leben des Menschen will und kann verstanden werden. Es kommt darauf an, wie wir die Dinge betrachten. In unserem Leben geht es immer um Energie, denn wir sind Energie und wir verändern ständig die Energiezustände in uns und um uns herum. Unsere Gedanken, unsere Gefühle, unsere Handlungen sind Energien, mit denen wir ständig unsere Welt verändern. Nur tun wir dies fast immer unbewusst. Darum leiden so viele Menschen, weil Unbewusstheit immer zu Leiden führt. Wir wissen nicht, was wir tun. Wir fliegen zum Mars, haben aber keine Ahnung, wie Gefühle entstehen und verändert werden, wie Konflikte entstehen und wie Frieden hergestellt wird. Wir liegen im Krieg mit uns selbst und vielen Mitmenschen, weil wir gelernt haben, uns selbst abzulehnen. Ja, in den meisten Menschen steckt tief innen Selbsthass.

Die Selbstunliebe ist – neben der Unbewusstheit – der Verursacher des Leidens. Wer sich selbst nicht liebt, produziert Leidenszustände im Innen wie im Außen. Wer sich selbst nicht liebt, kann auch andere nicht lieben.

Alles in unserem Leben spiegelt unser Verhältnis zu uns selbst wider. Darum ist die Liebe das Wesentliche in unserem Leben. Mein Herz sagt, dass unsere wahre Natur Liebe ist. Dies haben wir vergessen, aber wir können uns wieder daran erinnern. Das Leben des Menschen ist ein Prozess des Wieder-Erinnerns an seine wahre göttliche Liebesnatur.

Wir kommen hierher und werden trainiert in trennendem, lieblosem Denken. Wir werden angeleitet, schlecht über uns selbst zu denken und uns abzulehnen. All das in uns Abgelehnte lehnen wir dann auch an anderen ab – und verurteilen sie dafür. Das Verurteilen ist eine zutiefst menschliche Angelegenheit; kein Tier, kein Baum kann das. Alle Mangelzustände – im Materiellen wie im Geistig-Psychischen – entstehen aus Verurteilung, weil sie Dinge und Menschen trennt und teilt, die zusammengehören. Denn die Wahrheit heißt: Alles ist EINS, es gibt keine Trennung im Universum. Unser Herz weiß das. Wer aber den Verstand zum Chef gemacht hat, ignoriert diese Wahrheit und muss (noch) leiden.

Unser Leben ist gedacht als ein Weg aus Unbewusstheit zu Bewusstheit, aus Unfreiheit zu Freiheit, aus Begrenzung in die Ausdehnung, aus der Angst in die Liebe. Das Ziel unseres Lebens ist es, zu erkennen und zu lieben: Uns selbst, alles andere, das Leben. Und zu begreifen, dass Gott eins ist mit der Liebe. Gott ist Liebe, wir sind Liebe in ihm, denn es gibt keine Trennung zwischen uns und Gott. Er ist mitten in uns, spricht ständig zu uns – besonders durch unsere täglichen Erfahrungen.
Wir alle atmen in dem einen großen Ganzen, das wir „Gott“ nennen. Er sagt: „Schau doch hin, wie du dich täglich selbst verletzt, dich klein machst, dir die Würde nimmst. Wähle neu! Wähle es, zu lieben!“
Wer sich selbst nicht würdigt und liebt, den können andere auch nicht ehren und achten. Der fordert sie auf zu Missbrauch und Verletzung.

Der Sinn des Lebens ist es, dies mit dem Herzen zu erkennen – nicht nur mental – und die Liebe zu leben, die wir sind. Dann gehen wir einmal glücklich aus diesem Körper und wissen: Es war eine interessante und spannende Erfahrung, am Anfang schmerzhaft, am Ende glorreich.
Dann können wir sagen: „Danke, danke, danke!“
Dann war unser Leben ein wahrer Erfolg!

Arbeitsweise

In diesem Kartenset findest du Schlüsselgedanken für ein glückliches und erfolgreiches Leben. Betrachte die Sammlung wie eine Schatulle, die du öffnest – und ein Geschenk liegt vor dir. Wähle spontan einen Karte – und gib dem Satz Raum, lass ihn in dir zu wirken. Jeder Satz ist ein Same, der in dir aufgehen kann wie eine herrliche Rose.

Worte sind Energie, sind Nahrung. Lass dich nähren, inspirieren, bereichern. Wenn dein Herz einem Satz zustimmt, dann nimm ihn und lebe ihn. Es wird nicht lange dauern und du wirst spüren: „Es wirkt. Es tut sich etwas in mir und meinem Leben."
Wehrt sich dein Kopf gegen einen Satz, dann spüre hinein. Welche Gedanken löst er aus?
Schreibe sie auf und gehe schwanger mit ihnen. Sie werden Neues in dir gebären.

Lebe mit den Worten, dann bist du das lebendig gewordene Wort.

Weitere Bücher und CDs von Robert Betz

für Erfolg, Fülle und Erfüllung im Leben

Gleiche Texte wie im Kartenset

BUCH

Der kleine Führer zum großen Erfolg

Schlüsselgedanken für ein erfolgreiches Leben – gebunden, 105 Seiten, € 7,80

>> **Weitere Vorträge und Meditationen zu vielen unterschiedlichen Lebensthemen finden Sie unter robert-betz-shop.de**

BUCH

Willkommen im Reich der Fülle

Wie du Erfolg, Wohlstand und Lebensglück erschaffst
Taschenbuchausgabe,
187 Seiten, € 9,99

HÖRBUCH

gesprochen von Robert Betz,
4 CDs, ca. 242 Min., € 24,80

ÜBUNGS-CD

Dein Weg zu Erfolg, Fülle und Erfüllung

Schlüsselgedanken
zur Selbsterforschung
ca. 58 Min., € 15,00

Der kleine Führer zum großen Erfolg

KARTENSET

In diesem Kartenset, dessen Texte identisch sind mit dem Buch „Der kleine Führer zum großen Erfolg“, findest du Schlüsselgedanken für ein erfolgreiches und glückliches Leben.

Betrachte die Sammlung wie eine Schatulle, die du öffnest – und ein Geschenk liegt vor dir.

Wähle spontan einen Satz – und gib ihm Raum, in dir zu wirken. Jeder Satz ist ein Same, der in dir aufgehen kann wie eine herrliche Rose.

Siehe die Geschenke!

Entdecke, was das Leben
dir jeden Tag schenkt.
Im Kleinen wie im Großen.
Das Leben will dich nur beschenken.

Und das Leben selbst
ist das größte Geschenk.

Du bist eine Beschenkte,
ein Beschenkter.

Erkenne deine Geist-Natur!

Du bist von Natur aus Geist,
Spirit, zurzeit verbunden
mit einem menschlichen Körper.
Ein geistiges Wesen, das zurzeit
menschliche Erfahrungen macht.
Weil dies dein freiwilliger Entschluss war.

Wir kamen hierher, um intensivste
Gefühlserfahrungen zu machen.

Löse dich aus der Sucht nach Liebe!

Kein Mensch kann deine Sehnsucht erfüllen.
Niemand kann deinen Hunger stillen,
außer dir selbst – mit deiner Liebe zu dir.
Spüre deine Bedürftigkeit,
deinen Hunger, deine Sehnsucht.
Es ist das Kind in dir, das auf dich
und deine Liebe wartet.

Deine Liebe nährt und sättigt.
Gib dir reichlich davon.

Sei ein Erfolg!

Willst du Erfolg haben oder
willst du ein Erfolg sein?
Das Haben folgt dem Sein, nicht umgekehrt.
Sei ganz du selbst, folge deinem Herzen
– ohne Kompromisse –,
dann bist du ein Erfolg – jeden Tag.

Erfolg im Außen ist das, was auf dein Sein
– dein Bewusst-Sein – erfolgt.

Wie innen, so außen.

Mach dein Leben zur Feier!

Das Leben will gefeiert werden, denn
das Leben selbst ist eine große Feier.
Alles feiert sich,
von der strahlenden Schönheit einer
Feldblume bis zur Sternschnuppe,
von der Welle des Meeres bis
zur Stille des Teichs im Garten.
Schließe dich dieser Feier an
und mache jeden Tag zu einer
feierlichen Angelegenheit.

Feiere dich und das Leben,
das sich durch dich ausdrückt.

Lebe den Himmel auf Erden!

Der Weg des Menschen ist der Weg aus der Hölle in den Himmel auf Erden. Wir gehen im Lebensverlauf von Unbewusstheit zu Bewusstheit, von Unfreiheit zu Freiheit, aus Unfrieden in den Frieden, aus der Angst in die Liebe, aus dem Vergessen, wer wir sind, in das ganze Erinnern dessen, wer wir wirklich sind. Das Paradies ist hier. Der Himmel ist nur einen Gedanken weit entfernt.

Lebe mit dem Kopf im Himmel
und mit den Füßen auf Mutter Erde.

Begrüße jede Veränderung!

Das Leben ist ständige Veränderung. Alles fließt. Nichts bleibt. Auch jede Beziehung ist eine Beziehung auf Zeit. Wenn dein Partner dich verlässt, danke ihm für die Erfahrung und lass ihn gehen. Und wenn das Leben dich ruft, dann höre seinen Ruf. Öffne dich jeden Tag dem Fluss des Lebens, der dich tragen will. Leiste keinen Widerstand.

Es ist nicht die Veränderung, die schmerzt, sondern nur dein NEIN zu ihr.

Sei jederzeit bereit zu Aufbruch und Reise.

Gehe durch die Trauer zur Freude!

Die Freude kommt hinter der Trauer.
Wer die Trauer vermeidet, hält die Freude fern.
Sage ja zur Trauer, fühle sie mit Bejahung,
mit Hingabe, aber ohne Selbstmitleid.

Verdrängte Trauer will erlöst werden
durch deine Annahme, durch dein Fühlen.

So gelangst du in die Freude.

Gestalte die Beziehung zu dir selbst!

Die wichtigste Beziehung in deinem
Leben ist die zu dir selbst.
Die meisten Menschen leben für
die Arbeit, für Partner und Familie
und vergessen sich selbst dabei.
Du bist die allerwichtigste Person
in deinem Leben.
Setze dich an die erste Stelle und sorge
gut für dich, für deinen Körper, deine
Gedanken, deine Gefühle und deine Seele.

Dann bist du ein Segen für alle.

Genieße dein Allein-Sein!

Im Allein-Sein liegt dein Schlüssel
zum Glück. Nur im Allein-Sein kannst
du dir selbst begegnen und
deine Wahrheit finden.
Nimm dir Zeit zum Allein-Sein:
Eine Stunde am Tag,
einen halben Tag in der Woche,
ein Wochenende im Monat
und zwei Wochen im Jahr.

Nur du mit dir allein.

Lebe und liebe das Schwach-Sein!

Wer nur stark sein will, muss scheitern.
Wer schwach sein kann und sich seiner
Schwäche nicht schämt, ist wirklich stark.
Erlaube dir deine schwachen Seiten
und öffne dein Herz für sie. Erlaube dir
Verletzlichkeit, nimm Hilfe an,
schütte dein Herz aus.
Wer die Schwäche ablehnt, den muss
das Leben in die Schwäche zwingen,
aus der Senkrechten in die Waagerechte –
spätestens am Ende des Lebens als Pflegefall.

Erlaube dir zu fühlen – zu sein.

Sei nicht gut – sei wahrhaftig!

Wer ein guter Mensch sein will, sagt zum Leben: „Ich bin nicht gut genug, ich bin schlecht."
Das ist eine Erklärung, die Folgen hat.
Deine Erfahrung wird dir dein Schlecht-Sein bestätigen.
Und du wirst weiter Scham erzeugen.

Lebe die Wahrheit deines Herzens - ohne Kompromisse.

Diene deinen Mitmenschen!

Wem dient das, was du hier tust und bist?
Bist du ein Gewinn für die Menschheit?
Hebst du die Energie?
Was schenkst du den anderen?

Bist du ein Quell der Freude, des Mitgefühls,
des Trostes, der Erkenntnis?
Ist es eine Freude, dir zu begegnen?

Bist du ein Gewinn für die Menschheit?

Klammere dich an nichts!

Versuche nicht, ängstlich festzuhalten –
weder Dinge, noch Menschen,
noch schöne Zeiten.
Genieße alles, aber klebe nicht daran.
Denn alles fließt. Wer festhält, erzeugt Leiden.
Du kannst nur das wirklich besitzen,
was du liebst. Und die Liebe lässt
immer frei und los.

Das ist Freiheit, ist Reichtum.

Erforsche deine Herzenswünsche!

Nimm deine Wünsche ernst, schreibe sie auf und entscheide dich für ihre Erfüllung. Beanspruche, was dein Herz glücklich macht und geh in die freudige Erwartung.

Deine Wünsche sind Gottes Wünsche.
Sein Wille ist dein Wille.
Er wünscht durch dich.

Er drückt sich aus durch dich.
Er erfährt sich durch dich.

Säe, was du zu ernten wünschst!

Was du heute hinausgibst in die Welt,
das kehrt zurück zu dir.
Welche Gedanken schickst du hinaus –
über dich, über die anderen,
über das Leben?

Das, was du denkst, wirst du fühlen.

Das was du fühlst, zu dem wirst du.

Bring dein Herz zum Singen!

Dein Herz will singen, jubeln, tanzen.

Dafür bist du hier.

Folge der Stimme deines Herzens,
denn es ist die Stimme Gottes in dir.
Über dein Herz spricht er zu dir.

Wann beginnst du zu hören?

Erfülle nur deine eigenen Erwartungen!

Du bist nicht hier, um die Erwartungen
anderer zu erfüllen, auch nicht
die Wünsche deiner Eltern.

Löse dich davon und gib sie ihnen zurück.
Verrate nicht weiter dein Herz,
sondern höre auf seine Stimme.

Es ist die Stimme Gottes in dir.

Sei das Original, das du bist!

Die meisten Menschen
leben das Leben als eine Kopie.
Sie laufen den anderen hinterher,
ahmen sie nach und erforschen
nicht, was ihr Herz ihnen rät.
Finde dein eigenes in dir,
das einzigartige Original und lebe es!

Folge den Impulsen deines Herzens
und mache dein eigenes Ding
hier in diesem Leben.

Arbeite mit Liebe!

Wer nicht mit Liebe arbeitet, der geht leer aus.
Wer seine Arbeit hasst, der wird sie los.
Nur was du liebst, kann bei dir bleiben.
Nur was du liebst, das besitzt du.

Tue also das, was du tust,
mit größter Liebe und Achtsamkeit
und so gut, wie du es kannst.

„Arbeit ist sichtbar gemachte Liebe".
(Khalil Gibran)

Höre auf, dich aufzuopfern!

Wer sich aufopfert, geht leer aus –
und erzeugt Schuldgefühle im anderen.
Aufopfern hat nichts mit Liebe zu tun,
sondern mit eigenen Schuldgefühlen.

Sorge zunächst gut für dich selbst
und mache dich glücklich.

Das ist der größte Liebesdienst an
deinen Nächsten. Sie werden dir folgen!

Bring Ordnung in dein Leben!

Ordnung ist das erste Gesetz des Himmels.
Erkenne die Unordnung in deinem Leben,
in deinen Gedanken, in deinen Beziehungen,
in deinen Angelegenheiten.
Und entscheide dich für Ordnung
und Klarheit – auch in deinem Keller, deinen
Schubladen, deinen Geldangelegenheiten.
Befreie dich von altem Ballast,
auch in deinem Kleiderschrank.
Entmülle dich im Innen wie im Außen.

Wie innen, so außen –
wie außen, so innen!

Gib den Kampf auf!

Du hast lange genug gekämpft.
Damals als Kind musstest du kämpfen,
um zu überleben. Das war angemessen.
Heute ist Kampf unangemessen. Denn wer
kämpft, macht sich immer zum Opfer.
Wer kämpft, braucht Gegner.
Und der Gegner ist immer der Täter
und wir sind das vermeintliche Opfer.

Ersetze den Kampf durch die Kraft
der Hingabe an das Leben, an die Liebe.

Achte auf Qualität in allen Dingen!

Die Natur ist immer von höchster Qualität.

Mache Qualität zu deinem Maßstab in allen Lebensbereichen, im Innen wie im Außen.

Denn Qualität zieht Qualität an.
Liebe Qualität im Kleinen wie im Großen.

Erhebe Anspruch auf das Beste;
sei anspruchsvoll.

Gehe in Empfangsbereitschaft!

Bist du bereit, zu empfangen?
Fühlst du dich wert, zu empfangen?

Öffne deine Hände und sage:

„Ich nehme alle Geschenke des Lebens
liebend und dankend an.
Ich darf empfangen. Ich empfange.“

Sei stolz auf dich!

Du hast allen Grund, stolz zu sein auf dich.
Denn du hast Schwerstarbeit geleistet,
heftigste Erfahrungen gemacht –

Erfahrungen der Angst, der Ohnmacht,
der Abhängigkeit, der Getrenntheit,
der Einsamkeit, der Lieblosigkeit –
und du hast das alles überlebt.

Und du hast es zu jedem Zeitpunkt
so gut gemacht, wie du konntest.

Lobe dich selbst!

Lobe dich selbst – jeden Tag.
Schenke dir Lob.

Du bist ein mutiges Wesen
und du folgst deiner Sehnsucht.

Eigenlob stinkt nicht,
es duftet nach Liebe, nach Schönheit
und nach Klugheit.

Selbstlob ist Selbstliebe.

Was Freude macht, stimmt!

Was deinem Herzen Freude macht, stimmt.

Darum folge in allem
der Freude deines Herzens.

Gott/Göttin in dir will sich durch
dich freuen, denn Gott ist eine Ist-Heit,
die sich immer in Freude befindet.

Sei freudvoll!

Mache dein Leben zum Genuss-Leben!

Genieße! Genieße! Genieße!
Das Kleine wie das Große. Genieße dein Atmen, dein Gehen, dein Stehen, dein Schauen, dein Fühlen, dein Denken, dein Sprechen, dein Hören. Genieße deine Lebendigkeit, das Pulsieren in deinen Zellen. Genieße das Essen und das Trinken, das Geben und das Empfangen. Genieße zu arbeiten und genieße zu ruhen. Genieße, dass du ein liebendes Wesen bist.

Mache dein ganzes Leben
zum Genuss-Leben.

Danke für Gottes Erbe in dir!

Danke jeden Tag für die
drei großen Geschenke Gottes:
Deine grenzenlose Schöpferkraft,
deine unendliche Fähigkeit zu lieben
und die Freiheit der Wahl!
Wähle bewusst, was du
aus dem Erbe Gottes machst.
Sonst wählt dein Unbewusstes.
Du bist kein Kind Gottes,
du bist sein Erbe.

Wachse in dieses Bewusstsein hinein.

Nimm deine Macht in Besitz!

Wer Macht ablehnt, wählt Ohnmacht.
Du bist von Natur aus ein machtvolles Wesen,
ausgestattet mit grenzenloser Schöpferkraft.
Wenn du diese Macht ablehnst,
gibst du sie an andere ab.
Dies erzeugt Ohnmacht und Wut in dir.
Macht ist nicht gut, ist nicht schlecht –
Macht ist.

Das Leben sagt dir jeden Tag:
„Mach was aus mir!"
Nutze deine Macht als Schöpfer!
Nicht gegen jemanden, sondern
für dich und für alle!

Verbinde Macht mit Liebe!

Macht mit Liebe erschafft Gutes,
Konstruktives, Schönes – wahren Erfolg.

Macht ohne Liebe wirkt zerstörend,
trennend, verzerrend – und muss scheitern.

Sei in der Macht! Sei in der Liebe!

Liebe ist die größte Macht
im Himmel und auf der Erde.

Erkenne den Schatz, der du bist!

Selbst-Wertschätzung,
Selbst-Anerkennung,
und Selbst-Liebe

heißen die Schlüssel zu Fülle und Erfolg.

Wer sich selbst wertschätzt
und liebt, erkennt die Schätze
im Außen und empfängt.

Liebe das Geld!

Wie denkst du über Geld?
Geld ist weder gut noch schlecht.
Geld ist. Und es hilft uns,
unser Leben zu organisieren.
Wenn du das Geld nicht liebst,
gibt es keinen Grund, warum es dir
zufließen und bei dir bleiben sollte.

Wenn du Schulden hast, kümmere
dich um deine Schuldgefühle, deine
Selbstabwertung und dein Mangeldenken.

Sei großzügig!

Geiz ist nicht geil, sondern blöd.
Gib reichlich – dir selbst und anderen.

Was du anderen gibst, das gibst du dir.
Lebe die Fülle und die Fülle fließt dir zu.

Geben ist Empfangen,
Empfangen ist Geben.

Mache Frieden mit den Eltern deiner Kindheit!

Die Eltern deiner Kindheit sind
die größten Türen in deine Freiheit.
Mache Frieden mit ihnen
und mit deiner Kindheit.
Erkenne: Sie konnten nicht anders
und haben ihr Bestes gegeben.

Nimm deine Urteile zurück
und erkenne ihren Beitrag
zu deinem Erwachen.

Gib deine Freiheitserklärung ab!

„Meine lieben Mitmenschen:
Ihr dürft denken und sprechen über mich,
was ihr wollt. Und ich zahle es euch nicht
mit gleicher Münze heim.
Ich gehorche nur meinem Herzen.
Ich gebe mir selbst Anerkennung,
Wertschätzung und Liebe.
Ich folge meinem ganz eigenen Weg.
Und ich wünsche euch,
dass ihr das ebenfalls tut.“

Sei ein Liebender!

Frage nicht: „Wo bekomme ich Liebe?“
Sei selbst ein Liebender.
Verschenke deine Liebe und habe
Freude daran. Denn das Lieben selbst
erfreut dein Herz und nährt dich.
Es ist nicht wichtig,
ob die anderen dich lieben.
Das einzig Wichtige ist, dass du liebst.

Sei Liebe, denn du bist Liebe.

Denke neu über dich selbst!

Was denkst du über dich als Frau
oder als Mann, über deinen Lebenslauf,
deine Erfahrungen, deinen Körper, deine
Schönheit, deine Gefühle, dein Potential,
deinen Wert und deine Güte?
Mach dir deine Gedanken bewusst
und überprüfe sie mit der Frage:
„Ist das wirklich wahr?“ Und horche
auf dein Herz. Wie du denkst über dich,
so begegnen dir die anderen.

Entscheide dich für
ein neues Denken über dich!

Wandle dein NEIN zum JA!

Alles, wozu du NEIN sagst,
was du verurteilst oder bekämpfst,
das ermächtigst du. Du gibst ihm
Macht über dich. Es klebt dir
am Bein und es kann nicht gehen
aus deinem Leben, weil du es ablehnst.

Die Natur kennt kein NEIN,
nur Hingabe und Annahme.

Das würdigende JA ist das Lösungsmittel,
das die Dinge in Fluss bringt.

Vergib dir selbst!

Alle Selbstverurteilungen
haben wir von anderen übernommen.
Du wurdest kritisiert, also hast du
dich selbst kritisiert.
Dir wurde die Liebe entzogen,
also hast du es selbst auch getan.
Man hat dich bestraft, daraufhin hast du
dich selbst bestraft. Wähle jetzt neu!
Vergib dir selbst und öffne dein Herz für dich.

Sei dir selbst Freund, Vater, Mutter,
Bruder, Schwester, Geliebter, Berater.

Nimm an, was jetzt ist!

Nimm an, was sich jetzt zeigt in deinem Leben.
Denn alles, was sich zeigt, hat seine
Berechtigung. Sonst wäre es nicht da.
In allem liegt Sinn und Bedeutung.
Das Leben ist immer sinnvoll; es gibt
nichts Sinnloses, nur für deinen Verstand.
Das Herz erkennt in allem einen Sinn.
Sage dir: „Alles in mir und in
meinem Leben darf jetzt da sein."

Denn es ist ja schon da und
sehnt sich nach deiner Annahme.

Vom Opfer zum Schöpfer

Willst du Schöpfer sein
oder weiter Opfer spielen?

Opfer sein heißt, unbewusst zu erschaffen.

Werde bewusst! Denke bewusst,
sprich bewusst und handle bewusst.

Sei eins mit dir und in deinem
Denken, Sprechen und Handeln.

Würdige dein Leben!

Übernimmst du die Verantwortung
für dein bisheriges Leben?
Du warst Schöpfer, bist Schöpfer
und wirst immer Schöpfer sein.
Würdige, anerkenne und segne
all deine Schöpfungen
und nimm deine Urteile zurück.
Du hast es so gut gemacht,
wie du konntest. Vergib dir selbst!

So gibst du dir die Würde zurück,
die du dir selbst genommen hast.

Schaffe Klarheit!

Weißt du, was du willst hier in deinem Leben?
Die meisten Menschen wissen es nicht.
Wenn du dazugehörst, bitte um Klarheit
und akzeptiere die Unklarheit jetzt.
Frage dich: „Was soll das Wichtigste sein
in meinem Leben? Für was will ich leben?
Worauf will ich mich konzentrieren?“ –
und folge der Antwort aus deinem Innern.

Entscheide dich, alles Unklare in
deinem Leben in Klarheit zu verwandeln.

Sei präsent!

Bist du präsent?
Bist du anwesend bei dem, was du tust?

Oder verlierst du dich im Denken?
Bewusstheit, Achtsamkeit, Gegenwärtigkeit sind Schlüssel zum Erfolg.

Denn nur im Jetzt präsentiert dir
das Leben seine Präsente.

Nur in der Gegenwart
bist du in der Lage, zu empfangen.

Nimm dein NEIN zum Leben zurück!

Einst hast du begonnen, NEIN
zu sagen zum Leben auf Mutter
Erde, weil es hart war.

Dieses NEIN will zurückgenommen
werden, weil es nur Widerstand und
Schmerz erzeugt. Entscheide dich neu.
Nimm dein NEIN zurück und sage JA
zu dir, zum Leben, zu Allem-was-Ist.

Das bringt dein Leben in Fluss.

Erkenne den Sinn deines Lebens!

Der Sinn deines Lebens ist der,
den du ihm gibst.
Hast du ihm schon einen gegeben?
Wozu stehst du morgens auf?
Wozu lebst du dein Leben?
Wartest du noch auf den Meister,
den Astrologen, den Therapeuten,
der dir deinen Sinn vermittelt?
Der Sinn deines Lebens ist,
dass du deinem Herzen folgst
und Freude hast am Mensch-Sein.

Einfach Freude.

Fühle deine Gefühle – bejahend!

Gedanken erschaffen Gefühle. So hast du seit deiner Geburt viele Gefühle erschaffen und dann gelernt, sie abzulehnen. Angst, Wut, Trauer, Scham, Schuld, Ohnmacht u. a. Diese Gefühle können dich nicht verlassen, solange du sie ablehnst und nicht bereit bist, sie bejahend zu fühlen. Nimm dir Zeit für all deine unangenehmen Gefühle und fühle sie atmend, neugierig, erforschend, beobachtend und annehmend.

Öffne dein Herz für das liebevolle Fühlen aller Gefühle!

Entscheide dich neu!

Die Macht der Entscheidung ist
uns geschenkt. Du hast freie Wahl!
Entscheide dich bewusst – für was auch immer.
Entscheide dich, wie du deinen Tag leben
willst, wer du sein willst, wie du dir selbst
und anderen begegnen willst.
Sich nicht bewusst zu entscheiden,
ist auch eine Entscheidung.
Dann entscheidet dein Unbewusstes.

Du kannst dich nicht drücken.
Entscheide dich und lebe deine Entscheidung!

Kümmere dich um deine Gedanken!

Beobachte deine Gedanken
und schreibe sie auf.

Untersuche sie auf Wahrheit oder Unwahrheit.
Ist das wirklich wahr, was du denkst
über dich und die anderen?

Wie reagiert dein Körper auf deine Gedanken?
Zieht er sich zusammen, ist der Gedanke
nicht wahr. Dehnt er sich aus, ist er wahr.

Spiel dich durchs Leben!

Nimm das Leben nicht so ernst.
Mache ein Spiel daraus.
Denn das Leben ist als ein Spiel gedacht.
Spiele, tanze, lache, singe und
freue dich am Augenblick.
Mache selbst deine Arbeit zum Spiel.
Öffne dich der spielerischen Leichtigkeit.
Denke daran: Es ist alles nur ein Spiel.

Wer sich anstrengt, hat das
Wesentliche noch nicht verstanden.

Danke allen Ex-Partnern und würdige sie!

Du hast noch nie einen falschen Partner gehabt. Jeder war wichtig und richtig. Jeder war ein Spiegel deiner Beziehung zu dir selbst.

Würdige ihren Beitrag zu deinem Wachstum und ehre sie. Du hast sie gebraucht. Wenn du sie nicht ehrst, nimmst du dir selbst die Ehre.

Danke ihnen innerlich für alle Erfahrungen mit ihnen.

Öffne dich dem Reichtum des Lebens!

Das Leben, die Natur – alles ist Fülle,
ist Überfluss, ist Reichtum.
Es gibt für alle mehr als genug.

Jeder Mangel ist Menschenwerk.

Öffne dich dem Reichtum des Lebens –
im Kleinen wie im Großen.

Denn das Leben will dich
jeden Tag beschenken.

Wähle neu!

Wenn du spürst, dass etwas
nicht mehr stimmt in deinem Leben,
triff eine neue Wahl. Du kannst das.

Glaube nicht deinem Verstand, der
dir einflüstert: „Ich habe keine Wahl!“
Wähle immer wieder neu.

Denn die Freiheit der Wahl
ist ein Gottesgeschenk.

Versöhne Herz und Verstand!

Wem folgst du in deinem Leben,
deinem Verstand oder deinem Herzen?
Dein Verstand ist die Stimme der Angst,
dein Herz ist die Stimme der Liebe.
Mach dein Herz zum Chef in dir
und deinen Verstand zum Diener.
Dein Herz ist verbunden mit
dem All-Wissen, dein Verstand
ist die Stimme der Vergangenheit.

Lerne wieder, mit dem Herzen zu denken
und mit dem Verstand zu fühlen.

Sei du selbst!

Mache keine Kompromisse mehr
mit deinem Herzen!

Horche auf dein Herz und folge ihm.
Seine leise Stimme spricht ständig zu dir.

Nimm dir Zeit und Ruhe, ihr zu lauschen.

Dein Herz ist der beste Führer
für dich, denn dein Herz ist
„online" mit Gott verbunden.

Werde zum Beobachter!

Du bist nicht dein Körper, nicht deine Gedanken und auch nicht deine Gefühle. Du bist weit mehr. Nimm inneren Abstand von deinen Gedanken, deinen Gefühlen, deinem Körper – und beobachte. Wenn etwas auftaucht, was dich stört, sage: „Interessant, dass dies jetzt auftaucht. Ich will es wahrnehmen und beobachten.“ Oder: „Interessant, wie ich das in mein Leben gezogen habe.“

Wer beginnt zu beobachten,
macht den ersten Schritt in die Freiheit.

Nimm an und erkenne!

Viele fragen: „Warum? Wozu der Schmerz, wozu das Leid, der Mangel, die Ungerechtigkeit?“ Aber dieses „Warum?“ ist in Wahrheit ein NEIN. Sie wollen gar keine Antwort hören, sie sagen eigentlich: „Ich will nicht, dass dies da ist!“ Den Sinn kannst du erst dann erkennen, wenn du dich dem Gedanken öffnest, dass es einen Sinn gibt.

Erst Annahme, dann Erkenntnis.

Schließe Frieden
mit deiner Vergangenheit!

Wer mit Personen und Ereignissen
der Vergangenheit noch im Unfrieden ist,
wer noch nicht verstanden und vergeben hat,
der trägt schwer an ihr und lebt noch in ihr.

Du kannst die Vergangenheit nicht loslassen.
Die Vergangenheit lässt dich los, wenn
du Frieden machst mit allem und allen.

Das bringt dich in die Gegenwart.
Und nur in der Gegenwart spielt das Leben.

Erkenne deine Unschuld!

Du hast gelernt, dich schuldig zu fühlen
und dich zu schämen.
Als Kind hat man dir jeden Tag gesagt,
du seist nicht in Ordnung, wie du bist.

Das ist nicht wahr! Du bist ein
unschuldiges, sündenloses, heiliges,
göttliches Wesen und wirst es immer sein.

Sei bereit, dich hieran
wieder zu erinnern.

Mach dir keine Sorgen – lebe!

Sich zu sorgen, ist eine alte Gewohnheit der Angst. Sich Sorgen zu machen, bedeutet geistige Umweltverschmutzung. Keine einzige Sorge hat dir bisher etwas gebracht. Vertraue! Du wirst gut geführt. Gehe Schritt für Schritt und tue das, was jetzt ansteht.

Und mach es, so gut du kannst.

Nimm dir deine Zeit!

Zeit ist kein knappes Gut.
Du hast genug Zeit, wenn du tust,
was du wirklich willst.
Was machst du in deiner Zeit?
Verschwendest du sie
für Ablenkung und Schmerzbetäubung?
Oder genießt du es, Zeit zu haben?
Schenkst du dir selbst und anderen Zeit
im Zuhören, im Da-Sein?
Sei in der Zeit und du hast viel Zeit.

Du kannst aus jedem Tag drei oder vier Tage machen, wenn du gegenwärtig bist.

Jeder Tag – ein neues Leben!

An jedem Morgen erhältst du
ein großartiges Geschenk: Ein neues Leben.

Mache dir dies bewusst. Und lebe jeden Tag,
als sei es der einzige Tag in deinem Leben.
Koste ihn aus mit Bewusstheit.

Dann wirst du einmal glücklich
aus deinem Körper gehen.

Mach dein Denken zum Danken!

Mache dir jeden Tag bewusst,
was dir das Leben alles schenkt,
vom Kleinen bis zum Großen:
dein Atmen, dein Fühlen, dein warmes Bett,
die Dusche, dein Kühlschrank, dein Auto,
deine Beine, deine Arme, dein Sprechen,
dein Denken, deine Begegnungen…

Sei voller Dankbarkeit. Danke und sei reich.
Mach dein ganzes Denken zum Danken.

Wes Geistes Kind bist du?

Welche Energien strahlst du aus in die Welt?

Welche Qualität, welchen „Duft"
haben deine Gedanken, Worte,
Gefühle und Handlungen?

In welche Richtung veränderst du
jeden Tag deine Welt?

Bist du ein Kind des Friedens und
der Freude, der Vergebung
und der Verbindung?

Lebe ein verrücktes Leben!

Der Normalmensch will nicht verrückt sein.
Rücke ab von dem, was man tut
und was man nicht tut und
gehe deinen ganz eigenen Weg.

Und lass die anderen ihrer Wege ziehen,
ohne sie zu verurteilen.
Lebe dein ver-rücktes Leben.

Habe Mut zur Einzigartigkeit,
denn du bist ein Unikat, ein Juwel.

Folge der Stimme deines Herzens!

Die Stimme deines Herzens ist
die Stimme Gottes in dir. Folge ihr.

Achte auf Stimmigkeit, auf das, was
für dich stimmt und was nicht stimmt, was
mit deinem Herzen nicht in Harmonie ist.

Und bringe dein Herz zum Singen.
Dein Herz will singen.

Genieße es, zu atmen!

Einatmen heißt Empfangen,
Ausatmen heißt Loslassen.
Was von beidem fällt dir noch schwer?
Atme tief und sanft, erforsche deinen Atem
und mache dein Atmen zum Genuss-Atmen.
Spüre, dass du geatmet wirst;
denn das Leben, Gott, atmet dich.

Atme dich hinein in den Rhythmus
des Lebens, den du überall findest und
du spürst, dass dich das Leben trägt.

Gehe nach innen!

Wer nicht nach innen geht, der
verpasst das Leben und geht leer aus.
Lebe von innen nach außen,
nicht umgekehrt.
Das Außen ist nur der Spiegel
deines Inneren, aber nicht wirklich.

Gehe immer wieder nach innen,
in die Besinnung, in die Meditation,
in die Erforschung.